Vision Libros

EMILIA PARDO BAZÁN

Periodista y testigo de una época

Milagros Salvador

EMILIA PARDO BAZÁN

Periodista y testigo de una época

Milagros Salvador

© Obra: Emilia Pardo Bazán. Periodista y testigo de una época

Primera edición: Septiembre, 2024

© Autora: Milagros Salvador

ISBN 978-84-10039-93-3
Depósito Legal: M-21242-2024

© Editado por VISION LIBROS www.visionlibros.com

Gestión, promoción y distribución: Límbica Ediciones S.L.
C./ Puentelarra, 68, 2º A, 28031 Madrid. España.
Tlf: 0034 91 3117696 // Email: pedidos@limbicaediciones.es
www.visionnet-libros.com

Disponible en librerías físicas y online.

EMILIA PARDO BAZÁN. PERIODISTA Y TESTIGO DE UNA ÉPOCA

Emilia Pardo Bazán, nacida en Galicia en 1.851 supo con su vida, desde su cercano paisaje verde, alcanzar la importancia de que su nombre se hiciera universal por méritos propios, dando a su obra ese carácter que conllevan los grandes personajes que serán referentes de la cultura.

Representante de un humanismo personal, mujer inteligente, sensible, tenaz, trabajadora y analista de su mundo y de su época, entre finales del siglo XIX y XX, los que le tocó vivir, un cambio de siglo, desarrolla su actividad; es poeta, novelista, autora de cuentos, ensayista, autora teatral, conferenciante, traductora, corresponsal, editora, experta en cocina y desde el punto de vista que vamos a tratar también periodista, dejándonos su obra como testimonio escrito de percepciones, valores y cambios que nos da de manera viva una importante visión de la sociedad de nuestro país, cuyas realidades históricas llegan hasta nuestros días.

Educada en un alto ambiente cultural, como nos dice ella "rodeada de libros", con experiencias de viajes a otros países y culturas que ella registra como oportunidades, ampliando su mundo y la posibilidad del conocimiento de otras lenguas, que tan útiles le serán a lo largo de su vida.

Sus primeros poemas serán publicados en periódicos regionales de Galicia, como *Heraldo Gallego, Diario de Lugo, Aurora de Galicia* o *El Faro de Vigo*.

En 1.876 nace su hijo Jaime, al que le dedicará un libro de poemas que editará más tarde don Francisco Giner.

En la *Revista Compostelana* aparecerán artículos suyos bajo el título "La ciencia amena".

En la revista quincenal *Ciencia cristiana,* en *1.877-78,* aparecerán diferentes artículos suyos, "Las epopeyas cristianas" y "Reflexiones científicas contra el darwinismo", escritas desde la postura tradicional que mantiene que la ciencia moderna tiene un enfoque excesivamente animalista, sin tener en cuenta la singularidad del hombre, de acuerdo con una de las posturas de la época y dentro de su pensamiento tradicional. Más tarde publicará en la misma revista "Poetas épicos cristianos", del que dice doña Emilia: "Este libro es hijo del espíritu de mi alma."

Después de la publicación de su artículo "Filósofos Franciscanos" dejará la revista y sin abandonar su orientación tradicional católica irá ampliando sus líneas de frontera con un liberalismo de la época que consolidará en 1.880, un aspecto que tratará Carmen Bravo-Villasante en la importante biografía *Emilia Pardo Bazán.*

En la revista *La niñez,* en 1.879, publicará uno de sus primeros cuentos.

Comienza sus colaboraciones en *La Revista de España* en 1.880, de amplia temática, con nombres, entre otros, como Varela, Castelar o Giner de los Ríos. Y ese mismo año será Sra. Directora del *Semanario Revista de Galicia*, (así aparece en la revista) dentro de la cual se crea una publicación de orientación didáctica, que con la completa atención y trabajo de nuestra autora, atiende principalmente a la ciencia y la literatura.

La revista también promocionará textos en lengua gallega y dará paso a la entrada de personas que comienzan su carrera literaria, como Julia Casanova, al lado de otras figuras ya reconocidas como Rosalía de Castro.

Pardo Bazán comienza a colaborar asiduamente con *La Época,* de carácter monárquico y de orientación conservadora; en 1.882 van apareciendo artículos sobre el naturalismo francés y la obra de Émile Zola que se reunirán bajo el título *La Cuestión palpitante*, en 1.883, con prólogo de Clarín, libro que se agota; artículos que habían sido motivo de escándalo, abriendo una polémica dentro del mundo católico más tradicional, pero también ampliará el conocimiento de su nombre, llegando a otros países que en muchas ocasiones será requerida para que escribir prólogos y críticas a obras de otros escritores.

Muchos son los testimonios del escándalo, pero La Pardo, como la llaman, tendrá que leer requerimientos como por ejemplo:"¿Cómo una buena madre de familia, esposa y dama honesta puede ser naturalista?"

Visto ahora casi podríamos decir que parecería una premonición el hecho del que el primer artículo en dicha revista llevara el título de "Hablando del escándalo".

Sobre el naturalismo de Pardo Bazán y su orientación, existe una revisión debida al catedrático de Literatura y de Literatura Comparada de la Universidad de Vigo, Jesús G. Maestro, estudioso del tema, que es sumamente interesante.

Son los años que, ante la petición de su marido que abandone la literatura, Emilia Pardo Bazán decide el abandono del matrimonio.

Colaborará en *La Ilustración Gallega y Asturiana, Revista de España, El Museo popular, La Vida contemporánea*, la *Ilustración Ibérica*, entre otras.

En *El Imparcial*, periódico matutino más importante de la época, ejerció además de articulista como corresponsal y con la revista del mismo periódico *Los lunes del Imparcial* donde colaboran nombres como Ramón de Campoamor y Leopoldo Alas Clarín. Es el año 1.887. En la misma aparecerá también la crónica de la peregrinación a Roma, ciudad a la que viaja con Ortega Munilla e incluirá una visita al Papa León XIII.

Aprovechando esta estancia en Roma, viaja a Venecia donde Pardo Bazán se entrevistará con Don Carlos de Borbón pretendiente a la corona de España y lo registrará en crónicas que serán vetadas por la revista y que serán más tarde publicadas en el diario carlista *La FE*, editado en Madrid durante la Restauración Alfonsina. Carmen Bravo-Villasante en su libro sobre la autora, lo describe muy detalladamente y lo califica como "otro escándalo literario".

Desde el punto de vista personal, Emilia Pardo Bazán es una mujer, además de tenaz, curiosa y culta, independiente y valiente, cualidades que todas juntas marcan una personalidad que determinará su obra y las actitudes que la llevan a ella.

En 1.889, Lázaro Galdeano creará la revista cultural *La España Moderna,* en la que doña Emilia participará con artículos singularmente referidos a "La mujer española", dentro de la línea clara de su pensamiento y su sensibilidad para analizar la situación histórica por la que pasa. Entre sus colaboradores se encontrará con Emilio Castelar, Juan Valera, Miguel de Unamuno y Pérez Galdós.

Importante de recordar es la creación de *Nuevo Teatro Crítico,* (al que dedica su tiempo, su ilusión y sus recursos), en recuerdo al padre Benito Jerónimo Feijoo y su *Teatro Crítico Universal,* momento para recordar su Discurso XVIII, "Defensa de las mujeres" denunciando y criticando las palabras y la visión que se tenía sobre la mujer.

La revista tendrá 30 números y una vida de 3 años, entre 1.890 y 1.893.

Colaborará también en 1.893 con *El Globo,* fundado por Emilio Castelar en 1.875, escribiendo artículos de crítica literaria y, muy importante, ocupándose de "El libro de la quincena".

En 1.896 su colaboración será continua, con la *Ilustración Artística,* revista muy cuidada desde el punto de vista estético y de amplia temática, desde la literatura a la ciencia y donde encontrará como compañeros a Emilio Castelar, Menéndez Pelayo, Juan Valera, Ramón de Valle Inclán, Leopoldo Alas Clarín y José Echegaray, entre otros nombres. Como una sección aparecerá *La Vida Contemporánea* acaso la que más ha trascendido socialmente, de aparición quincenal, con la que colaborará doña Emilia 21 años de manera continua, llegando alcanzar más de 600 artículos.

En 1.972, se editará en Madrid *La Vida Contemporánea* por Carmen Bravo-Villasante, con motivo del cincuentenario del fallecimiento de Pardo Bazán, con un interesante prólogo, iniciando una corriente de interés por la autora.

En 1.906, Pardo Bazán inicia su colaboración con la famosa revista *Blanco y Negro*, fundada por Luca de Tena, en la que también escribe Mariano de Cavia y Ramón de Campoamor, por ejemplo.

La Nación de Buenos Aires es un importante periódico argentino y en 1.909 se le propone a doña Emilia ser corresponsal de la misma, función que había desempeñado José Nogales, fallecido meses antes.

Aquí colaborarán no tan asiduamente Ortega y Gasset o Miguel de Unamuno, entre otros. Pardo Bazán escribirá hasta el final de sus días estas crónicas.

Señalaremos su colaboración con ABC, desde 1.918 a 1.921 y año también de su última crónica, de 4 de mayo y que será publicada días después; recordemos que doña Emilia fallece el día 12 del mismo mes de 1.921.

A los pocos días de su muerte, Unamuno en un homenaje a la autora en *Nuevo Mundo*, nos dirá que "Ahora es cuando empezará a juzgarse la obra de doña Emilia...esta mujer singular que nos ha dejado, entre otras lecciones, la de una laboriosidad admirable y la de una curiosidad inextinguible."

Disponemos de un interesante texto de la propia autora, que bajo el nombre "La mujer periodista", Emilia Pardo Bazán nos expresa y muy directamente su opinión, que podemos encontrar en *El mundo periodístico*, Anuario de Prensa Española y Estados Hispanoamericanos, 1.898-99.

"Es un rasgo de la literatura moderna, que se puede decir del periódico y del escritor, lo que Voltaire del amor y los mortales en general. Quienquiera que seas, he aquí tu amo. Lo fue, lo es, o va a serlo". Y más adelante añade "En esta sinfonía periodística, también toman parte las mujeres. La mujer periodista pertenece exclusivamente al siglo XIX y sobre todo a su segunda mitad."

Y amplía su opinión. "La mujer realmente posee condiciones especiales que la hacen apta para el trabajo periodístico, la que considera pronta y sagaz, observadora del detalle menudo, vibrante para sentir y rápida en expresar sentimientos, entre otras cualidades oportunas y relevantes."

Muchas serán las publicaciones donde aparecerán sus escritos: *La España Moderna*, *Revista de España*, la *Ilustración Artística*, *La Revista contemporánea*, *Ilustración Ibérica*, entre otras.

Erudición, reflexión y crítica sería el triángulo representativo de su acción periodística, marcando la acción de su inteligencia clara y activa rica en experiencia y en capacidad observadora, vital y abierta como una aurora boreal que ilumina los rincones de su época y de la sociedad en la que vivió.

Más de 4.000 artículos periodísticos publicados en las dos tierras que bordean el Atlántico, en diferentes revistas que acogieron su pensamiento, sus observaciones y sus buenas letras y en otros países y otras lenguas.

En palabras de Carlos Dorado, estudioso de esta vertiente de la autora, reproducimos su opinión en *Emilia Pardo Bazán. Periodista hoy;* leemos: "Hace un ejercicio periodístico tan brillante que bastaría para situarla entre los grandes escritores costumbristas de la historia de la literatura, haciendo referencia a los artículos recogidos en *La vida contemporánea* y añade que "es en efecto una crónica vital de muy amplios márgenes, que se aproxima al diálogo con el lector y en alguna ocasión consigo misma por la extraordinaria capacidad de comunicación de una articulista con lúcida idea de su cometido."

Pardo Bazán, a lo largo de su carrera periodística tratará muchos y variados temas que dan vida, mejor dicho, que reciben la actualidad y lo marcan con la fuerza de las letras para que sean conocidos, sobre la guerra, la emigración, los obispos, los Reyes Magos, la moda, la cocina, el centenario de El Quijote, las costumbres, la política, la infancia, la mujer, los crímenes, los pueblos de Castilla, la literatura, nombres de la época, por citar algunos.

La cuestión palpitante, De siglo a siglo y *La vida contemporánea,* son libros que reunirán artículos y crónicas de doña Emilia.

Ha conjugado imaginación e inteligencia en sus obras creativas, y también su vitalismo y la realidad cuando es testigo especial de una época, precisamente en las fechas que marcan a fuego la Historia de nuestro país, en los años de su tiempo, dentro de un marco admirablemente descrito.

Y con una ética que evidencia la sensibilidad ante el principio de justicia que nos recuerda la Filosofía oriental que lo considera como "el principio de la sabiduría", tan ajeno a nuestro mundo judeocristiano del temor de Dios, al que Pardo Bazán también pertenece.

Y como denominador común, podemos decir además que ante todo late el valor de ser testigo y la preocupación de mejorar la sociedad, con el punto de vista en la educación, espíritu necesario para que la sociedad cambie, preocupación que le seguirá toda la vida y que la encontraremos en el trasfondo de sus obras. Una vez más su humanismo se asoma tras sus palabras.

Encuadrando la figura de Emilia Pardo Bazán en el momento de su producción como escritora, diremos que no es ajena a los parámetros históricos que influyó en su propia existencia, como mujer y como pensadora, entre los que destacamos el vuelco nacional debido a la experiencia de la pérdida de las últimas colonias americanas y el sentimiento que produjo y que ella supo recoger con diferentes planos de significación, psicológicos, económicos y sociales.

De los muchos temas que doña Emilia, trata en sus artículos, mencionaremos por una u otra razón, como una muestra de los mismos los siguientes:

LA ACTUALIDAD POLÍTICA Y PÉRDIDA DE LAS COLONIAS

España, un país que en cada centuria desde el siglo XVII ha venido perdiendo territorios, por diferentes causas inmediatas, pero con una causa común que vista en perspectiva acaece como un plano inclinado inevitable, que llama al estudio, no sólo de los historiadores.

El cambio de siglo es doloroso e importante y Pardo Bazán no pasa por alto tan importante tema. En su artículo de 17 de abril de 1.899, bajo el título "Asfixia", se hace la pregunta: "¿Dónde hay cosa más actual que las desdichas de España? Actual y al mismo tiempo ¡tan antigua! No viene de ayer, ni de anteayer…De siempre, o por lo menos de épocas que ya no alcanza la memoria. Y así comienza como un encuadre de la consideración que mantiene un hilo casi existencial de nuestra patria.

En este significativo artículo, la autora se lamenta de lo poco que se ha reflejado en autores importantes esta pérdida de nuestros territorios del otro lado del mar. Dolorosa esta insensibilidad y así nos comunica su sentimiento con esta expresiva frase :"Me duele, me apena ver que las letras propiamente dichas conservan su olímpica impasividad en presencia de tan terribles y reiterados golpes".

Son unos años en los que Macías Picavea escribe *El problema Nacional,* preocupado por la situación de España, coincidiendo en esto con doña Emilia y también con Julián Juderías en temas dolorosos para nuestra Historia, como en la calificación de la Leyenda Negra, siendo los primeros que impartirían conferencias sobre el tema en otros países y que, en el caso de Juderías, ampliaría en un libro, hoy de referencia.

FILIPINAS

El 7 agosto 1.899, aparece en *La Ilustración Artística* el artículo titulado: "Respirando por la herida", en el que encontramos los siguientes párrafos: "Pudieron nuestros desaciertos al no prevenir nuestra desmaña, al no extinguir una insurrección que de palabra vencíamos diariamente, determinar y fundamentar la intervención de los Estados Unidos en Cuba; pero la anexión de la Antilla y más aún la de Filipinas, quitaron la careta a la verdadera intención de un pueblo que tuvo el mal gusto de cultivar, en vísperas del siglo XX, la hipocresía..."

Crítica y consciente, Emilia Pardo Bazán se acerca a la consideración de la pérdida de Filipinas muy de frente, alejada de prejuicios que de una manera o de otra había en la época, sus palabras son innegables y rotundas, sin escatimar la autocrítica, que llevan a una visión total de España.

Y no duda en calificaciones muy duras en este caso a los Estados Unidos, alejados mucho de buscar ningún tipo de emancipación, usando métodos que sin lugar a dudas en el concepto de Pardo Bazán, describe con sus palabras: "No quiero hablar de las humanidades y actos de barbarie que por consecuencia natural de semejante régimen se ven los yanquis constreñidos a autorizar y cometer".

En el mismo artículo Emilia Pardo Bazán nos deja su observación sobre el regionalismo, como si en el movimiento del momento histórico por el que pasa nuestro país facilitaran las corrientes que desde el regionalismo más o menos emocional o sentimental anuncian un separatismo: "El regionalismo es añejo en varias provincias españolas y a la vuelta del regionalismo lírico está su forma aguda, el *separatismo*, ¿Cómo había de ignorar estas tendencias quien diariamente leía en periódicos versos y libros de su región, diatribas y quejas, unas veces contra Madrid, otras contra Castilla, y siempre en el fondo, en conjunto de la patria española? Hasta por experiencia personal conocía yo los efectos de la inquietud separatista."

Estas palabras nos traen también el recuerdo de las de Ramón y Cajal, cuando años más tarde, en su libro *El mundo visto a los ochenta años,* un libro de notable experiencia, manifiesta sus reflexiones sobre el tema y nos llevan a comprobar con evidente lucidez esta concordancia expresa de dos nombres que admitimos con relevancia intelectual para el compromiso y la meditación.

Y como siempre nuestra autora aprovecha para evidenciarnos una vez más su "denominador común" de la educación dicho en estos términos: "Bastaría que luciese sobre nosotros un rayo de esperanza, que España entrase en el buen camino, que ahorrase, que tuviese muchos buenos maestros de escuela y pocos caciques, que gastase más en aprender que en reforzar un ejército y una marina, fatalmente incapaces ...de sostener el día de mañana nuestro pabellón".

"Lo que repito que me extraña es la extrañeza de los políticos. ¡Cómo han de maravillarme los gritos sepa-

ratistas, a mí, veterana de las luchas contra el separatismo insidioso, declarado en conversaciones y a veces
desmentido en letras de molde..." "Por eso siempre me
descubriré con respeto ante el verdadero patriota.; el
que ha luchado para mejorar nuestro estado de cultura,
para colocarnos en la línea de otras naciones..."

LAS CORTES

Emilia Pardo Bazán enfoca la importancia de la vida política en la consideración de lo que implica como marco ordenado de la vida de los ciudadanos, reflejo de una sociedad y a la vez el motor del ejercicio de una libertad ciudadana.

Acaso por sus experiencias cercanas y también por el idealismo posible que siempre tienen en el horizonte de la vida social. Nos refleja su actitud muy claramente.

En su artículo de 6 de marzo de 1.899 en la *Ilustración Artística* nos hace esta confesión; "Yo voy a las Cortes sin fe política de ninguna especie, sin esperanzas, sin ilusiones del orden práctico como se va a un espectáculo que deleita y enseña", y yo señalo enseña, por ser unas de las líneas de preocupación de pensamiento de nuestra autora.

"La fisonomía moral de España la refleja íntegra y expresiva el espejo del Congreso. ¿Qué puede ser de España? No, no lo preguntéis; La respuesta os saltará a los ojos". Y nos incita a nuestra reflexión el 6 de marzo de 1.899 y como tantas veces en un artículo sin título.

Si nos trasladamos a la época en que vivió nuestra autora, a través de sus crónicas, no nos equivocamos si decimos que hay un cierto pesimismo que se desprende de un ambiente político con el que es muy crítica nuestra autora. También decimos que es un sentimiento que se generaliza a finales de siglo, de acuerdo con los hechos históricos que tienen lugar esos años y hacen que el nombre de España sea objeto de reflexión.

Recordemos las palabras tan significativas de la autora, escritas en *La Ilustración Artística* en crónica de 28 de septiembre de 1.903, donde nos dice: "¿A qué simular esperanzas que no sentimos? Hemos visto suceder, de 1.898 acá, los españoles tan terribles cosas, hemos sufrido desengaños y humillaciones de tal naturaleza... que ya ahora lo difícil sería conservar un átomo de optimismo." Aquí dejo sus palabras.

Es un interesante artículo que le sirve de motivo para reflexiones importantes, que trascienden incluso a la misma época que vivió y que puede traspasar su pensamiento a otros tiempos más cercanos a nuestra vida.

Otros de los temas de interés para la autora es Madrid, sus costumbres, circunstancias, la mirada social sobre la ciudad, lo que será un campo de vida de la escritora/periodista.

MADRID

Cuando hablamos de Madrid y de la época en la que vivió doña Emilia, debemos resaltar que ha sido una ciudad foco de atracción durante bastantes décadas, como una tela de araña que se extiende invisible, pero atrapadora.

Si recordamos por ejemplo la generación del 98, y al lado de cada nombre ponemos su lugar de nacimiento, veremos cuántos son los que desde otros lugares terminaron realizando gran parte de su obra en la capital y sobre la capital, llegando a ser buenos cronistas de la misma y aunque leemos en algunas de sus impresiones iniciales, incluso los que describen su no entusiasmo inicial, reconocen en sus memorias que Madrid les atrapó y fue además escenario de muchas de sus acciones creativas. Podríamos recordar aquí el viejo dicho madrileño que traemos a la memoria: "Aunque llegues o no llorando a Madrid, lo abandonarás llorando".

En el caso de Pardo Bazán, su entrada en Madrid fue temprana, ya que a los 6 años cursa unos estudios en el colegio de la Asunción. Más tarde pasará cortas temporadas, a las que seguirán estancias más largas, para terminar en 1.890 instalándose en la capital, lugar en el que tendrá una interesante labor creativa, incorporándose a la vida social y literaria de la ciudad, permitiendo relacionarse más directamente con nombres importantes de la época.

Es momento de recordar su paso por diferentes centros o instituciones con los que colaboró, y hoy incorporan su nombre a sus historias.

Destacamos con valor añadido su entrada en el Ateneo de Madrid, siendo la primera mujer Socia de número del mismo, la primera mujer Directora de la Sección de Literatura, lugar en el que escribió novelas, cuentos y artículos, y también será Madrid donde ejercerá su Cátedra de Literatura Neolatina en la Universidad, siendo también la primera mujer Consejera de Instrucción Pública. Además, fue asidua de la Biblioteca Nacional, la Asociación para la enseñanza de la mujer y la Real Academia, donde no logrará entrar como Académica.

Un estudio muy completo sobre los lugares de Pardo Bazán en Madrid podemos encontrarlo en *Crónica 1.895-1.921*, cuidadoso y preciso, que con textos de Isabel Parreño, se acompaña de un mapa minucioso que nos sirve de guía.

La relación Emilia Pardo Bazán y Madrid es una relación intensa y determinante para la autora y será un eje de vida social y cultural muy amplio y un marco excelente para el desarrollo de sus proyectos. Madrid dejará huella en doña Emilia y ella dejará su huella en Madrid.

Desde el punto de vista periodístico, empezaremos por las costumbres, que por una u otra razón serán motivo de la atención de nuestra autora.

LAS COSTUMBRES

Por ser acaso muy notorio y con cierto sesgo diferencial y determinativo de nuestro país, comenzamos por los toros. Pardo Bazán se hace eco que el tema de los toros es motivo para que algunos países desprestigien a España, como refleja en su artículo sin título de 22 de junio de 1.896 tratando de la fiesta nacional, y así lo refleja: "Hace días recibí de Estados Unidos - de donde han solido enviarme cosas halagüeñas - unos artículos que me dolieron lo mismo que si encerrasen alguna personal injuria". De título "La bárbara y cruel España" y donde la autora, Mary F. Lowell, se permite decir que los españoles son casi todos analfabetos y Emilia Pardo Bazán reflexiona y contesta con palabras que permiten recordar a la autora americana del trato que América ha dado a los indios Sioux y su exterminación, por cierto tan poco ejemplar.

Sobre las modas, un asunto que de una u otra manera ha sido motivo de comentarios en todos los tiempos. Hoy vemos con naturalidad, hechos o costumbres que llegaron con aires de guerra e incomprensión, incluso en el mundo de la moda, un aspecto bien significativo de las épocas. Un ejemplo del que se ocupa en uno de sus artículos doña Emilia es porque no carece de importancia.

Y paso a señalar un ejemplo referido a la moda, la llegada de la falda pantalón, que era" doblemente lamentable el espectáculo que se daba en las vías más céntricas de la capital" y un poco inexplicable porque "la falda discutida, que al fin he logrado ver, no tiene nada de fea, ni tampoco de bonita. Es muy parecida a primera vista a las sayuelas que se gastaron todo el verano pasado y todo este invierno. Cuando la mujer rompe a andar, entonces, se nota que hay una separación. Sobra advertir, porque todos lo han reconocido, que es muy honesta" "Lo que digo es que reúne no pocas ventajas, no siendo ésta una razón suficiente para que se aclimate".

Podemos decir que casi está en la misma línea de la respuesta que se manifestó, cuando el baile del tango comienza a sonar en los años que estamos tratando, y el comentario de Pardo Bazán, en crónica de *La Ilustración Artística* del 23 febrero de 1.914.

Ésta es una muestra más de la llegada a nuestro país de costumbres que vienen de otros lugares y su más o menos aceptación. "Me refiero al tango, o por mejor decir a los bailes "atangados", (en palabras de Pardo Bazán) que están dando mucho que hablar y comentar", pues "según unos es cosa muy inmoral y libre de acciones y posturas y no sólo bailarlo, sino verlo bailar hace subir los colores a la cara. Según otros, no es más que una danza graciosa y gentil".

Y Emilia Pardo Bazán se apunta a la segunda interpretación cara a la evolución de muchas de las costumbres de la sociedad.

Y el tema le da a la autora el lugar y la oportunidad de reflexionar comparando la recepción en Francia y España, tan frecuente en la periodista.

Y siguiendo con la moda, ante la referencia de un periódico ante el hecho de fumar en la mujer, Emilia Pardo Bazán no puede evitar el comentario dentro de su línea de la calificación sobre los mismos, registrados moralmente según sea un hombre o una mujer quien los realice.

"Leo en un diario que una mujer ha sido detenida por el grave delito de fumar "desvergonzadamente donde otros hombres también fumaban, por lo visto, con muchísima vergüenza y dignidad".

La forma de recoger la noticia ya nos indica cómo ha unido a la vertiente de ridiculizar el propio hecho. Crónica de 21 de agosto de 1.911.

Esto le sirve a nuestra autora a la crítica no exenta de cierto humor, para manifestar una vez más la doble apreciación, también jurídica de la exigencia por una misma conducta pública, al tratarse de un hombre o una mujer.

Otra de las costumbres que cada año se celebran como preludio a la cuaresma, los Carnavales, son lo suficientemente representativo para que doña Emilia le dedique su atención el 17 de febrero de 1.896 y sobre todo el 20 de marzo de 1.911, donde encontramos estas palabras: "De los Carnavales que en Madrid recuerdo, pocos fueron los que no tiritaron de frío. Y el frío y la lluvia sobre todo, no se hermanan con el Carnaval de las calles". Y "No puede encontrarse entre los carnavales más animados".

Para ella, los Carnavales en Madrid eran más de fiestas en casas o salones que callejeros, más reservados que de gran participación, aun así señala acaso el más notorio, que ha sido motivo de traslado a la literatura y al pincel de nuestros pintores, del que destaca por todos conocido el de Goya.

Sobre el "Entierro de la sardina" hace el breve y rotundo comentario "¡Oh Esos mascarones astrosos, desterrados ya de las calles y resucitados en el "entierro de la sardina!" ¡La destrozona de la escoba sucia y rota, careta con churretes de bermellón en ambas mejillas. Trapos figurando el cuerpo de la mujer, mantón raído de color indefinible y botas torcidas embadurnadas de barro!" para llegar a una reflexión. "La vida hay que engañarla con algo; hay que fingir la emoción cuando se presenta de suyo. Las existencias grises, confinadas en la monotonía del trabajo y la pobreza, en los quehaceres y surcos del laboreo del pan diario, necesitan alguna vez escapatoria hacia el ideal" "¡Qué habrá de duradero si nosotros no duramos!"

Y OTRO ASUNTO DE INTERÉS, LA POBREZA

Si nos situamos en la época a la que nos referimos, del que hay una publicación de Carmen del Moral, que bajo el título *El Madrid de Baroja,* nos ofrece con datos y fotos el ambiente que respiraba la ciudad. Estudio interesante y documentado que nos acerca al marco real de la situación. Es verdad que literariamente ya nos expresan ciertos elementos obras como *La Busca* del mismo Baroja, pero sociológicamente los datos de este estudio se ajustan a la realidad.

En el artículo de 17 de julio de 1.905, Pardo Bazán nos trae el tema de la pobreza o más concretamente dicho los pobres y la desventura que ello conlleva, sensible doña Emilia a un tema tan generalizado en los años entre siglos.

Y empieza su artículo "El gobernador y el alcalde de Madrid, en calidad de escobas nuevas, han decidido barrer los golfos, mendigos, busconas, hampones. perdularios, artistas de la miseria y otros gusanillos de la gusanera matritense".

Así hace doña Emilia una pintura tenebrosa de la realidad: "Y hablando de gusanera, llamo gusanos y bicharracos a esos que ahora (más vale tarde que nunca) dan a recoger, asear y dedicar a alguna labor, no porque la mala fortuna les haya hecho necesitados, sino porque su inclinación les hace ociosos, dados a un oficio de vagancia y pereza, en que se cultiva la suciedad como una mina, como una renta de deformidad" y más adelante y con unas duras palabras nos expresa que las calles están "invadidas por una población flotante de vagos, descuideros y buscavidas; cien ojos espían innecesariamente al pacífico que se encamina a su negocio o pasea por higiene".

Y tantas veces en comparación con diferentes experiencias de sus viajes, esta vez con París, nos dice "En gran parte se debe la pulcritud de país a la policía, en Madrid, principiamos por notar su ausencia siempre que su presencia nos falta. El absentismo de los guardias ante el desorden, el delito y el crimen, ha pasado a ser tradicional".

Y siempre con su acento didáctico, "...hay que desterrar de una vez la plaga, y no desterrarla escondiendo a los mendigos, sino reintegrándolos en la normalidad y moralidad incompatible casi con el pordiosero, dentro de las leyes del moderno vivir."

LITERATURA/ARTES CONTEMPORÁNEAS. NOMBRES

Y pasamos a otro de los motivos de la actualidad, que dado su carácter de escritora, suponemos que el tratamiento con singular que hace sobre el tema. Por ejemplo, los románticos. Comenzamos por Aurelio Aguirre y Larra.

La literatura es parte de la vida y una vez más Pardo Bazán sabe incorporar su interés a las crónicas que escribe manifestando su vocación de actualidad, podemos decirlo así, ya que sus artículos respiran del mismo aire que los días que le han tocado vivir a la autora y en ellos nos muestra, además de su interés, su formación y su soporte cultural para dar una guía de luz, la que siempre debe acompañar al caminante.

Es verdad que todo el mundo presume de conocer su país de pertenencia, pero no sólo es bueno sino necesario, ampliar la mirada y contemplar la imagen con las impresiones y vivencias de los viajeros que nos vistan, y en el primer caso, con el Nombre de Rubén Darío estaría más que justificado, y Emilia Pardo Bazán no es ajena a esta posición. *España contemporánea*, bajo la pluma de un escritor tan importante, merece una lectura y así nos lo refleja nuestra autora en *La Ilustración Artística* el 1 de abril de 1.901 y también se refiere el 28 de agosto de1.905, dentro de su libro *Canto de vida y Esperanza.*

España contemporánea, que en la edición de 1.998 con un interesante prólogo del poeta Sergio Ramírez, contiene las crónicas enviadas por el brillante escritor al periódico *La Nación* de Buenos Aires... Es la narración de un viaje y de las impresiones en él recibidas. Trata España con espíritu literario, por lo que constituye un documento de especial interés."

Y Rubén encabeza sus crónicas con un canto de amor a España, y doña Emilia recoge una frase de Darío muy significativa: "Si ya no es la antigua poderosa, la dominadora imperial, amarla el doble; y si está herida, tender a ella mucho más".

Es interesante la confluencia entre Pardo Bazán y Rubén Darío, en una obra escrita, me refiero a las crónicas, como observadores, que bajo los títulos *La Vida contemporánea* de la primera y *España contemporánea* del segundo, nos llevan a admitir esta confluencia con la evidente diferencia de la mirada de una escritora del país y un escritor de un país hispano, como es Nicaragua.

También coinciden en temas que tratan, aunque con enfoque diferente; citamos: los toros, algunas costumbres, los Carnavales, Madrid, temas teatrales, algunos autores, la crítica y la aristocracia, por ejemplo.

Y nuestra autora, sensible a la vida de sus compañeros, aprovecha el mismo artículo para un recuerdo a Núñez de Arce, que se encuentra en estado grave y moriría 2 años más tarde y aprovecha para demostrar su admiración por el escritor, autor "de versos, rotundos y bien medidos, pertenece al número de los que ganan en los labios de un gran lector".

Y esta vez aparece en la *Ilustración Artística* de 1 de abril de 1.901 se hace eco de dos plumas importantes para nuestra lengua.

Pero doña Emilia no reduce los comentarios a la cultura de nuestro país, por el contrario, agranda los límites o mejor dicho rompe las fronteras, porque la cultura carece de ellas y admira otros nombres de la actualidad como Eça de Queiroz y Joaquín Vaamonde, portugueses, tan cercanos como su Galicia.

Dos nombres que le sirven para una reflexión, sobre "…esa pequeña nación peninsular, que en muchos aspectos ha sabido organizarse a la moderna, más que nosotros," son sus palabras en el artículo de 3 de septiembre de 1.900, con el título "Un novelista, un pintor", y expone la razón de por qué ella cree que no son tan conocidos en Europa como merecen.

Eça de Queiroz, acaso sintiese "el desaliento, frecuente en los que escriben para muy reducido público y se reconocen superiores al teatro en que funcionan." Y de Joaquín Vaamonde, sacamos estas palabras: "Joaquín Vaamonde no había llegado a la celebridad. Era, sí, conocidísimo y estimadísimo en los círculos del gran mundo, clientela asidua de su taller."

Desde su Galicia natal emigró a América en la adolescencia donde "batalló por la vida, se dedicó a trabajos manuales, fue albañil, comió mal y siempre se resintió de este período bohemio" que más tarde a su vuelta a Galicia fue el que le hizo uno de los retratos de doña Emilia, en su consideración, el que mejor la representa.

Y a partir de esta entrada Pardo Bazán escribe comentarios referidos al arte y la actualidad y en su artículo titulado "Crónica de teatros" dedica sus palabras a cuatro nombres significativos para el orgullo de nuestro país, comenzando con la calificación de solemnísima función la que se celebró la noche del 18 de marzo en el teatro Real, en honor de don José Echegaray. "Ni una sola localidad estaba vacía, y en palcos y butacas, en delanteras y paraísos, y hasta de pie, junto a las plateas, veíanse mezcladas, en democrática confusión a todas las personas conocidas de Madrid." Se presentaba *El gran galeoto,* con la famosa actriz María Guerrero como protagonista. Aplausos, mientras "se presentaba el ilustre anciano, el dramaturgo insigne que tantas veces con la magia de su entendimiento soberano ha avasallado nuestras almas y emocionado intensamente nuestros corazones."

Y pasando a Galdós, como todas las obras, dice, "*Bárbara* es un drama de ideas. En él, a lo que parece trata el insigne novelista de presentarnos el verdadero ideal de la justicia..." Y esta entrada le sirva a doña Emilia para hablar del desarrollo de la obra y dará a conocer la misma, con la admiración que profesa al autor. En la crónica de fecha de 17 de abril 1.905, titulada "Crónica de teatros".

El tercer autor motivo del artículo es la representación en el teatro de la Comedia, de la obra de Ignacio Iglesias, titulada *Los viejos,* "Especie de tragedia popular, bien ideada y bien compuesta, tiene el grave inconveniente de ser lúgubre, "El drama de Iglesias es sincero, es noble, es piadoso, abundan en él escenas de honda intensidad dramática, delicadezas exquisitas de sentimiento, adivinaciones psicológicas de subidísimo valor." Pero como buena crítica no se olvida de manifestar que "no es menos cierto a mi entender, que el autor se olvida algunas veces de que el arte es ante todo concentración. Y que esta concentración es más exigible que en ningún género en el teatro".

También tiene nuestra autora un recuerdo para Valera, en la fecha, gravemente enfermo "...en inminente peligro de muerte, porque su avanzada edad no admite optimismos. Suele ser triste el cuadro de la senectud de los hombres ilustres." Precisamente Varela que en sus cartas a Marcelino Menéndez Pelayo no se refiere a ella muy elogiosamente. Y Pardo Bazán en su crónica de 24 de abril de 1.905, termina con el elogio diciendo que "merecía vivir un siglo."

LA MUJER

El Congreso Internacional de la mujer que se celebraría en Londres, marca un momento importante para doña Emilia, al que ella fue invitada para formar parte en el mismo, por lo que le dedica y comenta un artículo el 17 de julio de 1.899 con el título "De Europa".

El que no hubiera ninguna española entre las asistentes es una causa de tristeza que no extraña a Pardo Bazán y las mismas organizadoras no saben a quién pueden dirigirse para que nuestro país no se quedase sin representación. Y ése es un dato más que evidencia la situación del pensamiento feminista en nuestro país en los años a que nos estamos refiriendo.

Añadimos el dato interesante que doña Emilia es la que crea la Biblioteca de la mujer, con el claro objetivo dentro de su línea: el desarrollo de la educación, acercando y facilitando la lectura a la mujer.

Se publicarán varios libros, algunos de ellos traducidos por la misma Pardo Bazán como *La esclavitud femenina* de John Stuart Mill y editará también la *Cocina Tradicional Española* y la *Moderna Cocina Española,* en las que aparecerán un número importante de recetas.

Dentro de las conferencias que dará en el Ateneo, sobre la novela rusa o "Colón y los franciscanos", entre otras, una la dedicará al Congreso Pedagógico organizado por la Institución Libre de Enseñanza, que le servirán a la autora para divulgar reflexiones sobre el feminismo con afirmaciones que la mujer debe ser la autora de su propio destino, el derecho a la educación en su más amplio sentido y la promoción y futuro profesional en igualdad con el hombre.

Sobre el movimiento feminista recordamos en el artículo 10 de junio de 1.901, "Hay momentos en que lo interesante y necesario del movimiento feminista impulsa a dedicarle algunos renglones. Es la única gran conquista de la humanidad, (la más trascendental, de fijo, en su resultado y su alcance) que se habrá obtenido pacíficamente, sin costar una lágrima ni una gota de sangre, sólo con la palabra, el libro y el instinto de justicia que dormido desde hace tantos siglos, combatido por tantas y tan arraigadas preocupaciones, se despierta poco a poco."

Una de las preocupaciones para Emilia Pardo Bazán es que la mujer no es la que hace las leyes, pero ella es la que también debe cumplirla y tiene un sesgo evidente, con mayor pena que para el varón, incluyendo los actos cotidianos referido a las costumbres. Y esto es en razón básica una injusticia.

Un apartado que merece interés y atención especial, el viejo tema de la violación, que muchas veces va acompañado por el crimen.

El 16 de septiembre de 1.901, Emilia Pardo Bazán escribe uno de sus artículos bajo el expresivo título "como en las cavernas", en el que se hace eco del suceso acaecido a una modistilla, ocurrido en la noche en el barrio de Carabanchel de Madrid. Se cruza con dos hombres y ante una mutua contraseña la siguen. "Son hombres de acción a su manera, de acción violenta casi siempre, que se creen dueños de la mujer, en el hecho de que es mujer, criterio que se revela en la osadía y arrebato con que ellos se dirigen, y en la facultad de matarlas, que se arrogan con tal lisura a pretexto de amor, de celos o de honra". Y éstas son sus duras palabras de Pardo Bazán.

La prensa de la época que da la noticia, incluso se permite buscar alguna sombra en la conducta de la muchacha, como si se quisiera una lejana justificación a la conducta de los hombres. "La modistilla no era tan honrada como se creyó al principio, Emilia Pardo Bazán se pregunta "¿Acaso a esa mujer, sea cual sea su conducta de antes del momento del crimen, aunque fuese una escoria de la calle, no debe protegerla la ley y la sociedad"?

Y como siempre la preocupación didáctica llega a rematar el artículo, diciendo lo mismo que otras veces. ¡Cuánto y cuánto hay que corregir y rectificar en la opinión para que sea recta y auxilie y vigorice a la titubeante justicia!

Uno de los motivos que Emilia Pardo Bazán aprovecha para hablar de la mujer y la educación es el hecho del discurso inaugural leído por la doctora doña Concepción Aleixandre que nos dice "conozco a esa valerosa médica, y he oído de sus labios el relato de las dificultades con que hubo que luchar para conseguir el fin honrado que se proponía: ejercer una profesión y deber a su labor científica el sustento y el decoro de una vida útil a sus semejantes; lo que para el varón es apenas tropiezo, fue para Concepción Aleixandre, una montaña infranqueable". Y con este ejemplo, nuestra autora, una vez más, encuentra un motivo para hablar de la mujer y la necesidad de una educación como persona, consagrando algunas líneas feministas, para alcanzar la igualdad entre los seres humanos. Y así desarrolla dos observaciones que no debemos perder de vista "a) que no cuesta ni puede costar una gota de sangre y b) que coincide estrictamente su incremento con la prosperidad y grandeza de las naciones." Observaciones que señala muy frecuentemente, para terminar en la necesidad de reforzar la enseñanza científica de la mujer. 25 enero 1.904.

LA INFANCIA

Un tema muy vinculado a la mujer es el tratamiento de la infancia, ya que tradicionalmente ha sido ella, además de vinculación biológica, la que se ha ocupado de los primeros años de los niños.

El tratamiento de la infancia es una de las claves sociológica del análisis de la situación de un país. Para el conocimiento de la situación y consideración de los años entre siglos, que es lo mismo que trata doña Emilia, podemos citar al ya referido de Carmen del Moral, en el que dedica capítulos a "La inclusa" y "El hospicio".

Y acaso, además del abandono infantil, un asunto el más trágico era el asunto del infanticidio, con números directos, hoy veríamos la frecuencia que tuvo. El 10 de junio de 1.901, doña Emilia se ocupa de este asunto en una crónica, como otras veces, sin título.

Es consciente de los pequeños cambios que se van haciendo en el cuidado y atención de la infancia y más después del impulso que tuvo el nombre de Concepción Arenal en nuestro país. Así traduce nuestra autora su preocupación: "También va ganando la idea de combatir el infanticidio habilitando muchas casas maternales, donde con absoluta reserva y gratuitamente sean recibidas todas las mujeres que se vean en el caso de tener que ocultar la desventura, fruto de una falta que no fueron ellas solas a cometer. La causa de esta medida tan caritativa como racional es el temor que infunde a pensadores y patriotas la despoblación de Francia. Es lo menos que puede hacer una sociedad civilizada."

Si por curiosidad buscamos en la prensa del primer cuarto del siglo XX, como complemento del problema, comprobaríamos la frecuencia de suicidios de jóvenes y jovencísimas, que deciden la propia muerte, que se entiende como la contrapartida, o la otra cara de la trágica situación y cómo se vivía en la sociedad de la época.

Como dato, se puede añadir, que estadísticamente uno de los lugares elegidos era el llamado Canalillo, vías de agua perteneciente al Canal, construido en época de Isabel II, de poca profundidad, lo que nos lleva a pensar la voluntad de muerte de las jóvenes, que acaso la desesperación, no dejaba ni el pequeño margen del instinto, en la última hora.

La preocupación de Pardo Bazán por los problemas de la infancia se reflejan siempre y muy directamente en su crónica de 25 de enero 1.904, ciñéndose esta vez a la mortalidad que podríamos llamar hoy de escandalosa.

"La mortalidad de los niños se debe al mal cuidado y a la miseria. A veces un niño sucumbe porque le atracan, porque le indigestan; otras porque le extenúan. El remedio está en la higiene y en la inteligencia; en los *Consultorios de niños de pecho* y en la persecución implacable de la leche adulterada" Y nos recuerda que "uno de esos *Consultorios* acaba de fundarse en Madrid, bajo la protección de la reina madre…"

LAS ANTIGUEDADES

Como tema especialmente tratado por la autora, es el que data de 3 de mayo de 1.909, que se refiere al expolio que viene sufriendo el Patrimonio Nacional, que en gran parte se debe a esa falta de nivel cultural de nuestro país, que no llega a valorar como se merecen los bienes históricos artísticos heredados de otros siglos.

"Los anticuarios, desde mediados del siglo pasado, cayeron, a manera de langosta, sobre los pueblos de Castilla, Aragón, Valencia y Andalucía. Metiéndose en los viejos caserones y en las iglesias, parroquias y monasterios; aprovechándose de la ignorancia o apremiante necesidad; engañando descaradamente acerca del valor de las cosas y muchas veces engañándose también ellos mismos, *clavándose*, es la palabra, por no poseer cultura suficiente o porque de todas las maneras hacían un buen negocio" "pena y vergüenza causa este despojo inicuo realizado sistemáticamente."

Se extraña doña Emilia que aún queden en España tanta maravilla que podemos admirar, a pesar de la Desamortización de Mendizábal, el máximo expolio que supuso Napoleón en nuestro país, los anticuarios extranjeros y, cómo no, lo perdido por causa de las guerras civiles y el vandalismo de los municipios y otras instituciones.

"El que roba, no roba lo peor, y para cerciorarse de que es así, basta girar una visita a los Museos del extranjero, donde han venido a refluir tantas preciosidades españolas. Y no se priva doña Emilia de escribir: ¡A el tradicional "inglés", que todo lo feria y carga con todo!"

Crónica en la que una vez más subyace una llamada a la necesidad de una mejor formación de la gente de este país, que es el denominador común para que muchas tragedias se pudiesen haber evitado.

A lo largo de todas su crónicas y artículos, podemos comprobar que existe un cambio de firma en la autora de la primera época como Emilia Pardo Bazán, pasamos a encontrar en 1.908 su firma como Condesa Pardo Bazán.

El motivo ella misma nos lo describe en *La Ilustración Artística* el 8 junio de ese mismo año. Y lo hace con estas palabras: "Mis lectores encontrarán al pie de esta crónica alguna variación en mi firma: no les extrañará si se enteraron por la prensa que me ha sido concedida por el rey un título nobiliario. Las consideraciones a que obedeció la concesión, y que verdaderamente son honrosas y halagüeñas para mí, me obligan por ley de gratitud a alterar una firma que ya ostenta pátina".

***

Ésta ha sido solamente una muestra, aunque representativa, de la importancia de las crónicas que Pardo Bazán escribió a lo largo de tantos años y con una admirable frecuencia, acercando a la sociedad la conciencia de los problemas, el amparo de la cultura, la reflexión de muchos hechos, como forma de sensibilización general. Crónicas que fueron escritas con la mirada de una gran observadora, que sabe ver con ojos que trascienden la propia realidad y buscan la fuerza de la vida, acaso con su instinto de mujer, para trascender a su propia crítica.

MILAGROS SALVADOR

ALGUNAS REFERENCIAS

BAROJA, Pio. *La busca.* Ed. Caro Baggio. Madrid 1.973

BRAVO VILLASANTE, Carmen. *Emilia Pardo Bazán.* Ed. Círculo de Lectores. Barcelona. 1.971.

DARÍO, Rubén. *Canto de vida y esperanza.* Ed. Espasa. Madrid. 1.980.

La España contemporánea. Ed. Lumen. Madrid. 1.987.

DORADO, Carlos, *Emilia Parde Bazán. Periodista de hoy.* Asociación de Prensa. Madrid 2.006.

IGLESIAS, Ignacio. *Los viejos.* Ed. Popular. Madrid 1.919.

MACÍAS PICAVEA, Ricardo. *El problema nacional.* Ed. Biblioteca Nueva. Madrid.1.996.

MORAL RUIZ, Carmen del. *El Madrid de Baroja.* Ed. Silex. Madrid. 2.001.

La sociedad madrileña fin de siglo. Ed. Turner. Barcelona. 1.974.

PARDO BAZÁN, Emilia. *Cartas de la Condesa en el diario de la Marina.* Ed. Pliegos. Madrid 2.002.

De siglo a Siglo. (Ed, facsímil) Senado Servicio de Publicaciones. Madrid 2.002.

La cuestión palpitante. Ed. Antrhopos. Barcelona. 1.989.

La obra periodística completa en La Nación de Buenos Aires. Ed. Diputación General. La Coruña. 1.999.

La Mujer española y otros escritos. Editora Nacional. Madrid 1.986.

La Revista de Galicia de Emilia Pardo Bazán. Fundación Pedro Barrié de la Maza. Conde Fenosa. 1.999.

La vida contemporánea. Ed. Magisterio Español. Madrid. 1.972.

Nuevo teatro crítico. La España Editorial. Madrid. 1.893.

Por la España pintoresca. Ed. Antonio López. Barcelona. 1.895.

Viajes por España. Ed. Bercimuel. Barcelona. 2.003.

VALERA, Juan. Epistolario Valera - Menéndez Pelayo. Espasa. Madrid. 1.946

Revistas regionales de Galicia: Heraldo Gallego, La niñez, Diario de Lugo, Aurora de Galicia, El Faro de Vigo. La Ilustración Gallega, Semanario Revista de Galicia.

Otras Revistas: Revista de España, El Imparcial, La España Moderna, La Revista Contemporánea. El Globo.

Blanco y Negro, Mundo Nuevo, Ilustración Ibérica, La Ilustración Artística, La Nación, de Buenos Aires.

Contenido